El Día de los Caídos

Mir Tamim Ansary

Traducción de Patricia Abello

Heinemann Library
Chicago, Illinois

Customer service 888-454-2279
Visit our website at www.heinemannlibrary.com

Printed and bound in the United States by Lake Book Manufacturing, Inc.

07 06 05 04 03
10 9 8 7 6 5 4 3 2 1

Library of Congress Cataloging-in-Publication Data
Ansary, Mir Tamim.
    [Memorial Day. Spanish]
    El Día de los Caídos / Mir Tamim Ansary ; traducción de Patricia Abello.
        p. cm.— (Historias de fiestas)
    Summary: Introduces Memorial Day, explaining the historical events behind it, how it
became a holiday, and how it is observed.
    Includes bibliographical references (p.) and index.
    ISBN 1-4034-3005-5 (HC), 1-4034-3028-4 (pbk.)
    1. Memorial Day—Juvenile literature. [1. Memorial Day. 2. United
States—History—Civil War, 1861–1865. 3. Holidays. 4. Spanish language materials.] I.
Title.
E642 .A5718 2003
394.262—dc21
                                    2002038723

Acknowledgments
The publisher would like to thank the following for permission to reproduce photographs:
Cover: UPI/Corbis-Bettmann
Photo Edit/Tony Freeman, p. 5; Stock Boston/John Loletti, p. 6; Magnum Photo/Eugene Richards,
p. 7; Super Stock, pp. 8, 10, 15, 19, 26; Photo Researchers, Inc., p. 9(left); The Granger Collection,
pp. 9(right), 10, 11, 12, 13, 14, 16(all), 20, 21, 22; John Andress, p 23; Mississippi Department of
Archives and History, p. 24(left); Photo Edit/Gary Conner, p. 24; Theater Pix/Michael Brosilow,
p. 27; *Center Daily Times,* p. 28–29.

Every effort has been made to contact copyright holders of any material reproduced in this book.
Any omissions will be rectified in subsequent printings if notice is given to the publisher.

Unas palabras están en negrita, **así.** Encontrarás
el significado de esas palabras en el glosario.

Contenido

Un día para recordar

El Día de los Caídos es el último lunes de mayo. Las plantas florecen. El año escolar está por terminar. Es un buen día para divertirse al aire libre.

Pero el Día de los Caídos es algo más. Es una fecha que nos hace recordar. En este día, recordamos a las personas que han muerto en guerras.

Costumbres del día

Muchos estadounidenses ponen banderas y flores en las tumbas de las personas que dieron su vida por nuestro país. Esta familia perdió a un ser querido en la Guerra de Vietnam. Murió en 1970.

Esta familia perdió a un hijo en la Segunda Guerra Mundial, en 1944. Decoran su tumba el Día de los Caídos. Es una vieja **costumbre.**

Raíces del día festivo

El Día de los Caídos viene de la Guerra de Secesión. Fue la guerra más grande en nuestro país. Terminó en 1865.

8

En la Guerra de Secesión, nuestro país estaba dividido en dos. El Norte luchó contra el Sur. La lucha era por la **esclavitud.**

*Un soldado de la **Unión,** o del Norte*

Un soldado de la Confederación, o del Sur

Libertad y esclavitud

Los Estados Unidos se **fundó** como una tierra de libertad. Pero desde el principio hubo un problema. Algunos eran **esclavos.**

La **esclavitud** se permitía en los estados del Sur. El Sur tenía grandes granjas y los esclavos hacían casi todo el trabajo en ellas.

Libertad y esclavitud

La **esclavitud** iba en contra de las leyes del Norte. Allí, casi todos opinaban que la esclavitud era mala. Muchos querían que se **prohibiera** en todos los estados.

Cada vez que un nuevo estado se unía al país, se hacía la pregunta. ¿Se debe permitir la esclavitud aquí? Eso causó muchas peleas.

La Guerra de Secesión

En 1860, los estados del Sur trataron
de separarse. Decían que eran un nuevo
país. Bombardearon un fuerte del Norte.

Abraham Lincoln era el presidente. Dijo que nuestro país era una **unión.** Ningún estado tenía derecho a separarse. Envió ejércitos a combatir a los **rebeldes.**

La Batalla de Gettysburg

El Sur tenía un gran general llamado Robert E. Lee. El general Lee echó a los ejércitos de la **Unión.** Después **invadió** el Norte.

Cerca de Gettysburg, Pensilvania, hubo
una gran batalla. Duró tres días. Más de
cuarenta y tres mil soldados murieron o
resultaron heridos. El ejército de Lee tuvo
que volver al Sur.

El mejor discurso de Lincoln

El presidente Lincoln fue a Gettysburg. Dio un discurso para **honrar** a los muertos. Explicó por qué causa habían muerto esos hombres.

Lincoln dijo que los Estados Unidos simboliza una gran idea. Cada persona nace libre e igual a los demás. Si el país se divide —dijo— esta idea morirá.

Cambia la guerra

Después de la Batalla de Gettysburg, el Norte también encontró un gran general. Su nombre era Ulysses S. Grant. Grant comenzó a debilitar a los **rebeldes.**

Lee se rindió por fin. Los Estados Unidos siguió unido como un solo país. Y nadie volvería a ser **esclavo** en este país.

*El general Robert E. Lee se **rinde** ante el general Grant, y termina la Guerra de Secesión.*

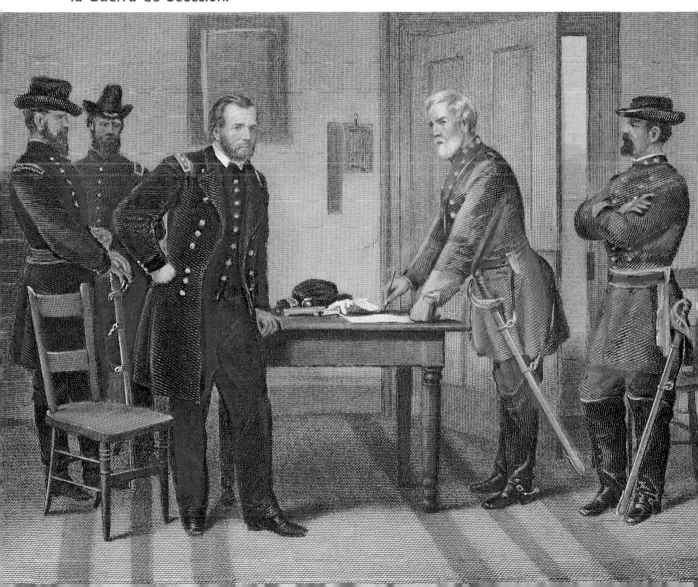

A sanar las heridas

Pero, ¿cómo podían los habitantes del Norte y del Sur volver a ser amigos? La guerra dejó muchos heridos. Dejó mucho odio.

Un día, un grupo de mujeres fue a un
cementerio en Columbus, Mississippi.
Allí estaban enterrados soldados tanto
del Norte como del Sur. Las mujeres
hicieron algo maravilloso.

Nace el día festivo

Las mujeres pusieron flores en las tumbas de los soldados. No preguntaron de qué lado peleó cada uno. Los **honraron** a todos.

Esta foto muestra a las mujeres que empezaron el Día de los Caídos.

En otros pueblos copiaron la idea. Y así fue como nació el Día de los Caídos. En 1948, comenzó a ser un día festivo nacional.

El Día de los Caídos en nuestros tiempos

El Día de los Caídos **honra** a todos los que han muerto en las guerras de nuestro país. En el cementerio nacional de Arlington, Virginia, se hace una gran **ceremonia**.

En todo el país hay ceremonias. La gente pone flores y banderitas en las tumbas. Unos expresan su dolor en privado.

Tristeza y alegría

Pero el Día de los Caídos no sólo es un día triste. Muchos pueblos celebran festivales, como éste de Boalburg, Pensilvania.

En los festivales se mezcla alegría y tristeza.
Este día de mayo nos recuerda algo bueno:
la primavera y el verano siempre vuelven.

Fechas importantes

Día de los Caídos

1776	**Fundación** de los Estados Unidos
1860	Carolina del Sur se separa de la **Unión**
1861	Comienza la Guerra de Secesión
1863	Batalla de Gettysburg
1864	Ulysses S. Grant comanda los ejércitos de la Unión
1865	Termina la Guerra de Secesión
1866	Mujeres adornan tumbas en Columbus, Mississippi
1945	Termina la Segunda Guerra Mundial
1948	Día de los Caídos es día festivo nacional
1975	Termina la Guerra de Vietnam

Glosario

ceremonia actividades especiales para honrar a alguien o algo

costumbre cosas que la gente siempre hace en ocasiones o días especiales

descubrir encontrar algo antes que cualquier otra persona

esclavitud usar a personas como esclavos

esclavos personas que le pertenecen y le sirven a alguien

fundar establecer algo nuevo, como por ejemplo un país

honrar mostrar respeto hacia alguien

invadir entrar o dominar a una tierra o país a la fuerza

prohibir mandar que no se haga

rebeldes los que luchan contra su gobierno

rendirse darse por vencido

unión grupo de muchas partes que trabaja en equipo; estados del Norte en la Guerra de Secesión

Más libros para leer

Un lector bilingüe puede ayudarte a leer estos libros:

Scott, Geoffrey. *Memorial Day*. Minneapolis, Minn: Lerner Publishing Group, 1983.

Sorensen, Lynda. *Memorial Day*. Vero Beach, Fla: Rourke Press, 1994.

Spies, Karen. *Our National Holidays*. Brookfield, Conn: Millbrook Press, 1992.

Índice